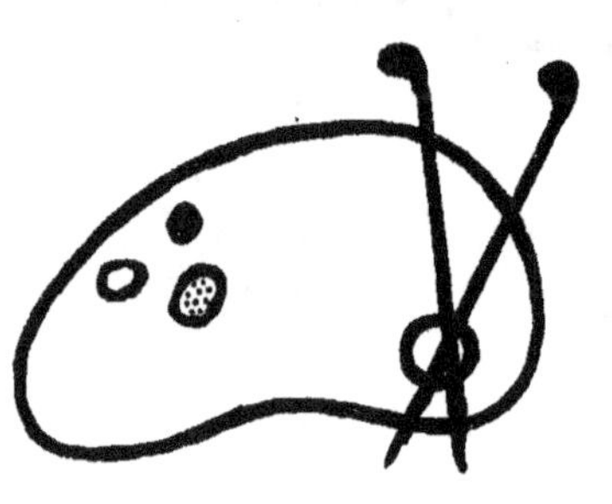

Original en couleur
NF Z 43-120-8

Couverture inférieure manquante

COMPTE RENDU

DU QUATRIÈME

CONGRÈS SCIENTIFIQUE

INTERNATIONAL

DES CATHOLIQUES

TENU

A FRIBOURG (Suisse)

Du 16 au 20 août 1897

Chan. Ulysse CHEVALIER
CORRESPONDANT DE L'INSTITUT

LA RENAISSANCE

DES

ÉTUDES LITURGIQUES

FRIBOURG (Suisse)

IMPRIMERIE ET LIBRAIRIE DE L'ŒUVRE DE SAINT-PAUL

1898

LA RENAISSANCE

ÉTUDES LITURGIQUES

Par M. le chan. Ulysse CHEVALIER

à Romans.

Le titre que j'ai donné à cette communication ne paraîtra pas ambitieux à ceux qui cherchent à se tenir au courant du mouvement intellectuel dans toutes ses branches. Comme bien d'autres parties de la science ecclésiastique, la liturgie demeure chez nous, durant le premier tiers de ce siècle, dans une nuit sombre ; puis la question entre dans une période de polémiques, d'où les recherches sérieuses et désintéressées sont généralement absentes. Les conclusions radicales auxquelles on a amené l'autorité eussent été impossibles si l'étude des sources avait permis de mettre, pour chaque diocèse, la question à son vrai point. Une fois tranchée en pratique, ceux qu'elle laissait indifférents ont dirigé leurs recherches vers les anciens monuments pour remonter aux formules primitives et établir la tradition de chaque Eglise. Je dresserai plus loin la nomenclature des sources publiées en France : c'est une infime proportion auprès de ce qui existe. Les sciences conjecturales, comme l'alchimie, par exemple, mises à part, je ne crois pas qu'aucune autre offre autant d'inédit. Dans de pareilles conjonctures, les études comparatives deviennent d'une prodigieuse difficulté. Les imprimés eux-mêmes des XVme et XVIme siècles sont parfois d'une insigne rareté : du Bréviaire de Vienne de 1489, il n'existe qu'un exemplaire [1] ; enfin, il en est dont on connaît l'existence dans le passé, mais dont on n'a retrouvé jusqu'ici aucun exemplaire, comme le Rituel de la même église de 1478.

L'urgent est donc de reproduire les documents les plus importants, et — permettez-moi d'ajouter ce détail pratique — d'en multiplier les exemplaires dans le monde savant. On ne saurait épuiser de longtemps une mine à peine ouverte. Mais, en France du moins, où trouvera-t-on

---

[1] A la bibliothèque Sainte-Geneviève de Paris.

l'éditeur qui se chargera d'imprimer, à ses frais, des Bréviaires, Missels, Ordinaires, Sacramentaires, etc. ? On ne peut non plus songer à cet égard à l'appui efficace du gouvernement ou des sociétés savantes : chez l'un, les publications de documents sur le moyen âge, prévues par le budget, cèdent le pas par virement de fonds à la période révolutionnaire ; les autres se composent d'excellentes gens, mais auxquelles les études liturgiques n'offrent aucun intérêt. On parviendra peut-être à publier un volume, mais cinquante, mais cent qui seraient nécessaires [1] ?

Des circonstances particulières m'en donnant les moyens, j'ai résolu d'ouvrir au public ma *Bibliothèque liturgique,* c'est-à-dire de publier à mes frais les documents dont on me fournira de bonnes copies, prêtes ou non pour l'impression. Cette collection vient de s'augmenter d'un volume, le sixième ; il comprend deux *Ordinaires de la cathédrale de Laon,* avec deux *Mystères liturgiques* en usage dans cette église, le tout publié d'après des manuscrits du XIIIme siècle de la bibliothèque de Laon. Le premier Ordinaire, comprenant le Propre du temps, a un prologue où Lisiard, doyen de Laon de 1155 à 1168, s'en déclare l'auteur ; toutefois cet exemplaire, le seul connu, ne saurait être contemporain de Lisiard, car il est postérieur à 1173 [2]. Le deuxième, s'il n'a pas précisément pour auteur un autre doyen de Laon, Adam de Courlandon (1196-1223/8), a été fait à son instigation ; il renferme le Propre des saints. Ces deux manuscrits ont subi, postérieurement à 1228, de nombreuses modifications. Le volume imprimé donne exactement ces deux éditions : les passages de la première, supprimés dans la deuxième, ont été entourés de parenthèses ; les additions sont en notes. Un deuxième étage de notes comprend des remarques historiques, géographiques et liturgiques. Trois tables complètent le volume : la première, alphabétique, renferme les noms de fêtes, de saints, d'objets ou usages liturgiques ; la deuxième est spéciale à la poésie liturgique (hymnes, tropes du Kyrie, proses, séquences) ; la troisième, des matières, constitue deux calendriers, l'un des dimanches, féries et fêtes, l'autre des saints. Deux planches en phototypie donnent la première page de chacun des Ordinaires.

Si je suis entré dans ces détails, c'est pour avoir l'opinion du Congrès sur ce plan d'impression. Ces Ordinaires sont la tête d'une collection qui pourra se poursuivre indéfiniment. Sans énumérer tous les plus anciens dont j'ai dressé le catalogue, je signalerai ceux que je me propose de publier incessamment. Le tome VII de la *Bibliothèque liturgique* est imprimé en bonne partie ; on y trouvera, à la suite d'un *Martyrologe de l'abbaye de Saint-Remy* du IXme siècle, un *Martyrologe,* un *Calendrier*

---

[1] M. Ulysse Robert n'a pu décider aucun éditeur à publier la fin de l'*Octateuque* de Lyon.

[2] A raison de la fête de saint Thomas Becket.

et deux *Ordinaires de la cathédrale de Reims* du XIIIme siècle, d'après
les manuscrits de cette époque, conservés aux archives et à la bibliothèque
de la ville de Reims, ainsi qu'au Musée Britannique de Londres [1]. Le
tome VIII contiendra, soit les *Institutions en usage à la cathédrale de
Marseille* avant 1264, dont mon regretté ami, le chanoine Albanès, m'a
laissé une double copie, soit deux *Ordinaires de la cathédrale de Bayeux,*
dont on a reconnu l'importance comme source de la liturgie de Salisbury
et partant de presque toute l'Angleterre ; le Chapitre de Bayeux, qui
possède les originaux du XIIIme siècle, a bien voulu réserver à ma
collection la primeur de ces précieux documents. Elle comprendra encore
un *Ordinaire de la cathédrale de Vienne* du XIIIme siècle, dont la copie
sera bientôt achevée, et plusieurs *Bréviaires, Manuels* et *Missels.* Mais
c'est avoir retenu trop longtemps votre attention sur ces *opera propria.*
Je n'ai pas, d'ailleurs, la prétention d'avoir inauguré de notre temps
l'impression des Ordinaires liturgiques. Sans parler de l'*Ordinaire de
Saint-Lô,* publié par M. L. de GLANVILLE dans son *Histoire* de ce
prieuré — simple réimpression de l'édition de 1679, reproduite dans
la *Patrologie latine* de Migne —; ni de l'*Ordinaire de l'église de Parme,*
inséré par M. L. BARBIERI, dans les *Monumenta historica* des provinces
de Parme et Plaisance ; ni du récent volume de M. Marc MAGISTRETTI :
*Beroldus sive ecclesiæ Ambrosianæ Mediolanensis Kalendarium et
Ordines sæc. XII,* dont les textes — assurément de premier ordre — avaient
déjà été imprimés, d'après les mêmes manuscrits, dans les *Antiquitates
Italicæ medii ævi,* de MURATORI ; en Angleterre, on avait préludé à ce
genre de publications dans le dernier volume du *Monasticon Anglicanum,*
où on trouve bon nombre de Statuts de cathédrales ; dans sa réimpression
du Missel d'Hereford (dont il sera question plus loin), M. HENDERSON
inséra de courts extraits de l'Ordinaire de cette église. M. H. E. REYNOLDS
a donné au public, à peu d'intervalle, le *Consuetudinarium Lincolniensis
ecclesiæ* (1258-1279) [2] et l'*Ordinale secundum usum Exoniensem* [Exeter]
(-1337) [3] ; il a aussi donné dans sa *Wells cathedral* [4] quelques notes sur
les rites de cette cathédrale. Les *Statuts* de la cathédrale de Saint-Paul
de Londres ont été imprimés en un volume in-4°, qui n'a pas été mis
dans le commerce [5]. M. Chr. WORDSWORTH a publié, de 1892 à 1897, aux

---

[1] La copie de ce dernier m'a été fournie par M. Edmond Bishop, auquel je suis
redevable de bon nombre d'additions au présent Mémoire. Qu'il veuille bien
recevoir ici le témoignage public de ma reconnaissance.

[2] Une première édition, parue en 1880, était déplorable comme texte ; on a
réimprimé plus correctement ce Coutumier, sous le même titre, en 1885, avec une
longue introduction. Il a eu l'honneur d'une troisième édition dans les *Statutes of
Lincoln cathedral* dont il va être question (I, 364-96).

[3] La IIIe partie de cet Ordinaire n'a pas paru.

[4] 1881, in-folio.

[5] On en trouve des exemplaires dans les grandes bibliothèques.

frais de l'Université de Cambridge, les *Statutes of Lincoln cathedral, with illustrative documents,* préparés (texte et introduction) par feu Henry BRADSHAW [1]. Les *Observances in use at the Augustinian priory of S. Giles and S. Andrew at Barnwell, Cambridgeshire,* publiées par M. J. W. CLARK, ne doivent pas être étrangères à la liturgie ; le *Sarum Consuetudinary* est sous presse à Cambridge, confié aux soins du Rév. W. H. FRERE [2]. En Hongrie, Mgr Jos. DANKO, prévôt de la cathédrale de Presbourg [*Posonium*], dont le monde savant regrette la perte récente, a inséré dans son *Vetus Hymnarium ecclesiast. Hungariæ* — sur lequel j'aurai l'occasion de revenir — l'*Ordinarius Scepusiensis sive Strigonensis* [Gran], d'après un manuscrit du XVme siècle de la Bibliothèque universitaire de Buda-Pest. En France enfin, Mgr E. HAUTCŒUR a mis récemment en tête de ses *Documents liturgiques et nécrologiques de l'église collégiale de Saint-Pierre de Lille* un *Liber Ordinarius ecclesiæ Beati Petri Insulensis.*

Dans cette liste, que je n'ose donner comme complète, nos voisins d'outre-Manche tiennent la tête, et il est à croire qu'ils garderont longtemps cette position dans l'étude des anciennes liturgies et de celles de la Grande-Bretagne en particulier. Rien ne saurait mieux démontrer l'utilité de ces recherches comme facteur dans le mouvement ritualiste qui va s'accentuant et peut contribuer à rapprocher nos frères d'Angleterre de l'Eglise catholique. Comme correspondant aux débuts du Puseyisme (ou Tractarianisme, pour parler le langage anglican), je trouve les *Origines liturgicæ,* de Will. PALMER, *or the antiquities of the English ritual and a dissertation on primitive liturgies,* qui ont eu quatre éditions, de 1832 à 1845. L'*Anglo-Saxon and early English psalter,* publié par Jos. STEVENSON pour la *Surtees society* [3] a une grande valeur, à raison de la haute antiquité du manuscrit reproduit (commencement du VIIIme siècle) [4]. Viennent ensuite deux ouvrages de Will. MASKELL : *The ancient liturgy of the church of England according to the uses of Sarum, York, Hereford and Bangor and the Roman liturgy arranged in parallel columns, with preface and notes* : la première édition parut à Londres en 1844 et la troisième à Oxford en 1882 ; il ne contient que les parties les moins variables de la messe, l'Ordinaire et le Canon, à l'époque voisine de la suppression des liturgies anglaises.

---

[1] La IIe partie renferme des fragments de Coutumiers d'autres églises cathédrales (Lichfield, Hereford).

[2] L'Ordinaire de Salisbury ayant eu les honneurs de l'impression au XVme siècle, il en sera parlé à son ordre.

[3] Durham, 1843-1844, N°s 16 et 19 des publications de la Société.

[4] Bien que M. Sam. BERGER l'ait daté du IXe siècle (*Hist. de la Vulgate,* p. 386). Une nouvelle édition de ce ms. (Cotton, Vespas. A. 1) a été donnée par M. H. SWEET, sous le titre d'*Oldest English text,* dans l'*Early English text society,* mais certaine bévue de Stevenson y a été maintenue.

L'autre ouvrage de M. MASKELL : *Monumenta ritualia ecclesiæ Anglicanæ, occasional offices of the church of England according to the ancient use of Salisbury, the prymer in English, and other prayers and forms, with dissertations and notes,* a plus d'importance : publié à Londres en 1846-7, il a été réimprimé à Oxford en 1882, en trois gros volumes. On le voit, l'auteur a pris comme base la liturgie de Salisbury *(Sarum)*. Sa codification remonterait, d'après l'opinion courante, à l'évêque Osmond (1078-99) : il en aurait rédigé l'*Ordinaire, De officiis ecclesiasticis tractatus,* en 1085. On ne pouvait s'étonner des affinités singulières de cette liturgie avec celle de Rouen : il suffisait de se rappeler que saint Osmond était Normand et que, avant de monter sur le siège de Salisbury (récemment transféré de Sherborne), il avait suivi, comme comte de Séez, Guillaume le Bâtard à la conquête de l'Angleterre. Ce rite, ajoutait-on, fut bientôt d'un usage presque universel dans ce pays et dans celui de Galles ; il pénétra en Irlande, avec quelques modifications, au XIImᵉ siècle ; en Ecosse, le diocèse de Glasgow l'accepta vers 1164 et les autres aux XIImᵉ et XIIImᵉ siècles.

Le mérite d'avoir réduit cette légende à sa juste valeur revient à M. Edm. BISHOP, qui publiait naguère, en collaboration avec le P. GASQUET, un ouvrage dont la portée a été considérable dans le monde anglican : *Edward VI and the book of common prayer.* Le titre de saint Osmond à la gratitude de son église de Salisbury provient, non des réformes liturgiques qu'une renommée tardive lui a attribuées, mais d'avoir donné à son Chapitre une forme nouvelle et définitive. Au commencement du XIIImᵉ siècle, la distinction des chanoines en réguliers et séculiers est un fait accompli : toutes les cathédrales anglaises non monastiques, à l'exception de Carlisle, sont sécularisées. L'Ordinaire attribué à Osmond ne figure pas, et pour cause, dans la *Patrologie latine.* Le texte en a été publié pour la première fois dans Dan. ROCK, *The Church of our fathers, as seen in St. Osmund's rite for the cathedral of Salisbury, with dissertations on the belief and ritual in England before and after the coming of the Normans* [1], mais cette édition est mauvaise, faite sur une copie moderne très défectueuse. Le vrai texte a été donné par M. W. H. Rich JONES dans son *Vetus Registrum Sarisberiense, alias dictum Registrum S. Osmundi episcopi* [2], avec traduction anglaise ; malheureusement, l'éditeur débite encore, dans sa Préface, toutes les vieilles absurdités qui avaient cours sur l'action liturgique de saint Osmond. Quant à la date de 1085, elle est d'invention moderne : ceux-là même qui ont attribué à Osmond un *Ordinaire de Sarum* (première et deuxième moitiés du XVmᵉ siècle) n'ont indiqué aucune année précise.

[1] London, 1849-53, t. III, ii,
[2] 1883, t. I, p. 1-185.

En fait, comme rédaction, le texte actuel du *De officiis* remonte au premier tiers du XIIIme siècle, de 1210 à 1230; mais il codifie évidemment des coutumes antérieures. Un fait important, mis en lumière il y a quelques vingt ans par un savant architecte, M. G. G. Scott, c'est que ce texte dénote de curieuses affinités avec les dispositions de la cathédrale actuelle de Salisbury.

Il y a plus : saint Osmond ne fut jamais comte de Séez. La plus ancienne autorité en faveur de ce titre paraît être une antienne de l'Office de sa translation (après sa canonisation en 1456); c'est la première du IIme nocturne :

> Comes factus Sagie,
>   Cum successit patri,
> Cuncta dat ecclesie
>   Bona sue matri.

Mais ces antiennes font de lui bien autre chose encore :

> Vir effectus prospere
>   Neustriam regebat,
> Tandem partes Anglie
>   Potens defendebat ; — etc.

Les documents contemporains sont beaucoup plus modestes à son endroit : ils lui donnent simplement la fonction de « regis capellanus » ; outre son évêché, les textes originaux ne lui attribuent pas des titres bien grandioses : une charte de Guillaume le Conquérant le nomme « præfectum », « scirgereve » (shérif, vicomte). C'est dans les termes ambigus d'une lettre des alentours de 1225, exactement interprétée par d'autres documents un peu postérieurs, que M. E. Bishop croit avoir trouvé l'origine de l'attribution de l'*Ordinaire de Sarum* au fondateur même de cette église.

Le rite de Salisbury ne commença à se répandre, en dehors de son diocèse d'origine, que dans la deuxième moitié du XIIIme siècle. Le Synode de Cashel (1172) ne dit absolument rien de son introduction en Irlande au XIIme siècle, mais simplement qu'on introduisit, dans les parties conquises ou occupées, des pratiques de l'Eglise d'Angleterre, pour amender des usages où le merveilleux dépassait toute imagination. Ce que l'église de Glasgow accepta au X^Ime siècle, ce fut la forme constitutive du Chapitre de Sarum, et non son rite. Au commencement du XIIIme siècle, la cathédrale de Moray reçut les coutumes de Lincoln, mais en 1242 on fit un Statut en vertu duquel « in divinis officiis, in psallendo, legendo et cantando, ac aliis ad divina spectantibus, servetur ordo qui in ecclesia Salisburyensi esse noscitur institutus [1] ».

----

[1] *Statutes of Lincoln cathedral*, t. II, p. 835.

Ce fut un premier pas en avant ; à considérer sur la carte 60 de l'Atlas historique de SPRUNER-MENKE la grande étendue du diocèse de Lincoln, on comprend que cette première conquête dut en amener d'autres. Cependant l'introduction du rite de Sarum dans les autres églises d'Angleterre fut relativement lente ; elle se fit graduellement de 1250 à 1350, mais avec des résistances notables : York, Hereford, Exeter furent réfractaires. La diffusion continua aux XIVme et XVme siècles, parfois avec des réserves, comme à Saint-Paul de Londres, où les anciennes cérémonies furent expressément conservées. La métropole de Cantorbéry fut une des dernières à embrasser la réforme de Salisbury (après 1539). La raison en est facile à saisir : elle était, comme tant d'autres au début, desservie par des moines bénédictins, et cette cause fut un des principaux facteurs du développement exceptionnel du rite Sarumien. Les Eglises à clergé séculier, en quête d'une liturgie conforme à leur règle mitigée, ne pouvaient songer à prendre un rite monastique.

Le XIIIme siècle fut, en toutes choses, une époque de rénovation ; on a pu dire : « Magnus... nascitur ordo. » La cathédrale de Salisbury s'éleva d'un seul jet, comme par enchantement. Ses livres liturgiques furent intelligemment rédigés. Les rédacteurs n'eurent pas trop de scrupules à rompre avec l'antiquité, à s'accommoder à leur temps ; disons même qu'ils parurent fort satisfaits de leur œuvre. Elle donnait satisfaction à nombre de diocèses, dont les moines occupaient les cathédrales : Cantorbéry, Rochester, Winchester, Ely, Norwich, Worcester, et les deux diocèses de Bath et Wells, de Lichfield et Coventry, avec leurs deux cathédrales, l'une de moines, l'autre de chanoines séculiers.

On me pardonnera d'avoir longuement suivi mon guide ; ces détails étaient nécessaires pour aider le lecteur à comprendre l'importance exceptionnelle du rite de Salisbury, dont l'évêque portait — et porte encore — le titre de grand chantre de la province ecclésiastique de Cantorbéry, « provincial precentor of Canterbury ». Cette liturgie s'est maintenue intacte jusqu'au triomphe de la Réforme (1558), sauf l'intervalle de 1534 à 1553.

M. DICKINSON (*A list of printed service books, according to the ancient uses of the Anglican church*) comptait en 1850 plus de quarante éditions du Bréviaire de Salisbury imprimées, de 1483 à 1556, à Venise, Paris, Louvain, Londres, Anvers et Rouen ; on en a retrouvé d'autres depuis, notamment une de Rouen de 1492 [1].

---

[1] Ed. FRERE, *Des livres de liturgie des Eglises d'Angleterre (Salisbury, York, Hereford) imprimés à Rouen dans les XVme et XVIme siècles, étude suivie du catalogue de ces impressions de 1492 à 1557, avec des notes bibliographiques ;* Rouen, 1867, grand in-8° de 2 f.-67 p. — Comme bibliographie, je ne saurais omettre la *Bibliotheca musico-liturgica. A descriptive handlist of the musical and latin-liturgical mss. of the middle ages preserved in the libraries of Great Britain and*

Une première tentative de réimpression fut faite de 1843 à 1855 : *Portiforii seu Breviarii Sarisburiensis* fascic. 1us (et 2us) *annotatione perpetua illustrati et cum Eboracensi, Herefordensi et Romano comparati*, ed. Car. SRAGER ; elle était, au point de vue de l'intelligence du texte, fort méritante.

L'édition de Paris 1531 a été réimprimée par MM. F. PROCTER et Chr. WORDSWORTH, à la Cambridge university press, de 1879 à 1886, en trois volumes in-8°, avec introduction, liste des éditions connues d'après les papiers de H. Bradshaw et tables.

Les éditions du Missel de cette église ne sont pas moins nombreuses ; M. Jam. WEALE [1] en a catalogué cinquante-trois, comprises entre 1487 et 1557 ; sur ce nombre, dix-sept, c'est-à-dire presque le tiers, sont de Rouen. M. Franc. Henr. DICKINSON en a signalé d'autres dans la réimpression qu'il a faite à Burntisland, de 1861 à 1883, du *Missale ad usum insignis et præclaræ ecclesiæ Sarum* (gr. in-8°). On n'en connaît pas de manuscrit antérieur à 1320 environ.

Un *Graduel* de Sarum du XIIIme siècle a été publié en fac-simile par les soins de la « Plain chant and mediaeval music society », avec une introduction par W. H. FRERE [2].

A Rouen aussi parut, en 1518, *Hymnorum cum notis opusculum, secundum usum insignis ecclesiæ Sarisburiensis* (in-4°) : ce ne serait qu'une réimpression de Paris. Le futur cardinal NEWMAN publia à Oxford, en 1838, *Hymni Ecclesiæ excerpti e Breviariis Romano, Sarisburiensi, Eboracensi et aliunde.*

En 1851, M. Jam. DARLING donna à son tour un *Hymnarium Sarisburiense, cum rubricis et notis musicis, variæ inseruntur lectiones codicum mss. Anglicorum...*, acc. *Hymni et rubricæ e libris secundum usus ecclesiarum Cantuariensis, Eboracensis, Wigornensis, Herefordensis, Gloucestrensis aliisque codd. mss. Anglicanis excerpti* [3]. Ce n'est qu'une première partie ; elle n'a pas eu de suite. On y a inséré par erreur les pièces « Alleluia dulce carmen » et « Alleluia piis » que l'église de Salisbury n'a jamais admises.

Des fragments de *l'Ordinale secundum usum Sarum*, dont on connaît plusieurs éditions de la fin du XVme siècle [4], ont été joints par M. Chr. WORDSWORTH aux *Tracts of Clement Maydeston* compris dans le t. VII de la *Bradshaw society* (1894).

Ireland, drawn up by W. a. H. FRERE (Plain chant and mediaeval music society) ; London, 1854, in-4°, 40 p. et 4 pl. Ce sont de simples notes sur les mss. de Lambeth et une partie de ceux d'Oxford.

[1] *Catalogus missalium ritus latini,* 1886, p. 178-89.

[2] In-folio. L'introduction (sur la formation du Graduel romain) a été depuis réimprimée par les soins de la même Société.

[3] Londini, 1851, in-8°.

[4] Voir LOWNDES, *Bibliogr. man. of English liter.* (1858), p. 649^b.

Le *Manuale ad vsum percelebris ecclesiæ Sarisburiensis* a eu les honneurs d'une quantité de réimpressions à partir de l'édition de Rouen, 1500 [1]. Il a été reproduit par le Dr HENDERSON, en appendice à celui d'York [2].

En ajoutant que le *Sarum Processional* a été publié par M. W. G^r HENDERSON en 1882, j'aurai achevé de montrer que tous les livres liturgiques de cette Eglise ont été réimprimés de nos jours.

Le *Martiloge in englysshe after the use of the chirche of Salisbury and as it redde in Syon*, réimprimé sur l'édition rarissime de Wynkyn de Worde (1526) par MM. F. PROCTER et E. P. DEWICK, dans le t. III de la *Bradshaw society* (1893), n'a guère d'intérêt au point de vue liturgique.

Comme je l'ai dit incidemment, Salisbury faisait partie de la province de Cantorbéry, laquelle comprenait seize autres suffragants : Bangor, Bath et Wells, Chichester, Ely, Exeter, Hereford, Lichfield et Coventry, Lincoln, Llandaff, Londres, Norwich, Rochester, Saint-Asaph, Saint-Dawids, Winchester et Worcester. La cathédrale de Cantorbéry, au centre de la ville, Christ church, était sous le vocable de la Sainte-Trinité. Je ne vois pas que la moindre relique de ses livres liturgiques ait été imprimée, mais il en existe en manuscrit au British Museum.

Quelle fut la liturgie des Eglises celtiques fondées dans la Bretagne romaine ? M. F. E. WARREN a cherché à élucider cette difficile question dans son livre *The liturgy and ritual of the Celtic church* [3] ; il n'a pas été plus heureux dans un autre plus récent : *The Celtic church of Wales*. Les rares éléments qu'il a cru dégager pour cette période seraient tirés de livres liturgiques de l'époque anglo-saxonne, lesquels sont un composé d'éléments romains et gallicans. Tout le monde connaît la réponse de Grégoire le Grand à saint Augustin (598) : « Sed mihi placet ut, sive in Romana sive in Galliarum seu in qualibet Ecclesia aliquid invenisti quod plus omnipotenti Deo possit placere, sollicite eligas et in Anglorum ecclesia... quæ de multis Ecclesiis colligere potuisti, infundas. » Il s'agissait des usages concernant la messe : la centralisation en cette matière n'est venue que près de dix siècles plus tard. Hors des murs de Cantorbéry se trouvait le monastère de Saint-Augustin : je parlerai des abbayes après les églises épiscopales.

Evêque de Devonshire et de Cornouailles, vers 1046, Léofric transféra le siège de cet évêché de Crediton à Exeter, en 1050. Entre cette date et celle de sa mort (1072), il offrit à sa cathédrale, entre autres manuscrits, un Missel qui est aujourd'hui à la Bodléienne ; il a été

---

[1] Voir LOWNDES, ouvrage cité, p. 1468.
[2] *Surtees society*, 1875.
[3] Oxford, 1881, in-8° de XI-291 p.

publié en 1883 par M. F. E. WARREN : *The Leofric Missal, as used in the Cathedral of Exeter during the episcopate de of its first Bishop, A. D. 1050-1072, together with some Account of the Red Book of Derby, the Missal of Robert of Jumièges, and a few other early manuscript Service Books of the English Church, with introduction and notes* [1]. Le manuscrit de Léofric comprend un Sacramentaire grégorien copié en Lorraine au commencement du Xme siècle, un Calendrier anglo-saxon écrit en Angleterre vers 970, de très nombreuses messes, préfaces, bénédictions, etc. M. Warren a cru bien faire en complétant ce volume par des extraits d'autres livres anglais de la même époque. Il y a un grave inconvénient à déflorer la publication de recueils qui ont un réel intérêt ; il se trouvera, un jour ou l'autre, un éditeur pour les mettre complètement au jour : c'est ce qui est arrivé ici pour le Missel de Robert de Jumièges et celui de Saint-Augustin de Cantorbéry.

Un Pontifical ms. de l'église d'Exeter, de la première moitié du XIVme siècle, a été publié sous le titre suivant : *Liber Pontificalis of Edmund Lacy, Bishop of Exeter [1420-55], a manuscript of the fourteenth century, printed from the original in the possession of the dean a. chapter of Exeter,* edited by Ralph BARNES [2].

La bibliothèque de Coutances conserve un précieux *Manuale* de la même cathédrale, manuscrit de la seconde moitié du XIVme siècle [3]. Il a été décrit d'une manière intéressante par M. Ch. FIERVILLE dans la *Revue des Sociétés savantes* [4].

Les deux principaux livres liturgiques de la cathédrale d'Hereford ont été imprimés : le Bréviaire à Rouen, en 1505 ; le Missel également à Rouen, en 1502. Ce dernier (*Missale ad usum famose ac percelebris ecclesie Helfordensis*) a été réimprimé à Leeds, en 1874, par M. W. G. HENDERSON. On n'en connaît d'autre part qu'un seul manuscrit, de 1390 environ [5] : il a été utilisé par MM. WEALE et MISSET dans leurs *Analecta liturgica* [6].

Les mêmes érudits ont publié toutes les pièces inédites des deux Tropaires de la cathédrale de *Winchester,* conservés : l'un, du commencement du XIme siècle, à Cambridge [7] ; l'autre, écrit entre 979 et 1016, à Oxford [8]. Ce dernier avait déjà été, en grande partie, publié par M. HENDERSON à la fin de sa réimpression du Missel d'York, dont je vais parler.

Un *Missel* de Winchester, beau manuscrit du XIIme siècle, est conservé

---

[1] London, in-4° de LXV-344 p.
[2] Exeter, 1847, in-8° de XXIII-258 p.
[3] *Catal. génér. des mss. des biblioth. publ. de France,* t. X, p. 128, n° 2.
[4] 1882, VIIme série, t. VI, p. 41-8.
[5] A Oxford, Univers. coll.
[6] T. I, II, p. 140-68.
[7] Corpus Christi, 473.
[8] Bodléienne, 775.

à la bibliothèque du Havre [1]. M. Ch. FIERVILLE l'a décrit [2] et en a même publié les préfaces [8].

A cette Église se rattache directement la publication de M. John GAGE : *The Benedictional of St. Æthelwold, Bishop of Winchester, an illumi-nated anglo-saxon ms. of the Xth century, in the library of his grace the duke of Devonshire, with a prefatory dissertation and a description of the Benedictional of archbishop Robert, an illuminated anglo-saxon ms. of the same century, in the public library at Rouen* [4]. Ici encore, nous nous trouvons en présence de l'inconvénient que j'ai signalé tout à l'heure : le Bénédictionnaire de Robert, aujourd'hui conservé à la biblio-thèque de Rouen (Y. 6), va être l'objet d'une publication intégrale par M. H. A. WILSON, qui a déjà reproduit *The Missal of Robert de Jumièges* [5], gardé dans le même dépôt (Y. 7). Exécuté vers 1020 pour une église de Winchester, il fut donné par Robert, évêque de Londres, puis archevêque de Cantorbéry, à l'abbaye de Jumièges, où celui-ci mourut en 1052. Ce livre est un mélange du Sacramentaire grégorien avec les additions d'Alcuin.

La liturgie d'York est la seule, après celle de Salisbury, qui se soit répandue en dehors de son diocèse d'origine ; encore ne paraît-elle pas avoir dépassé le nord de l'Angleterre.

Il est naturel de mentionner tout d'abord *The Pontifical of Egbert, Archbishop of York, A. D. 732-766, now first printed from a manuscript of the tenth century in the imperial library, Paris*, edited by W. GREN-WEEL [6]. Ce manuscrit du Xme siècle est en réalité la copie d'un codex du VIIIme siècle.

M. DICKINSON signalait naguère (en appendice à la réimpression du Missel) six Bréviaires manuscrits d'York du XIVme siècle et un du XVme. Il indiquait en outre cinq éditions : l'une de Venise, de 1493, et quatre de Paris, comprises entre 1526 et 1533 ; depuis, M. WEALE en a signalé [7] deux nouvelles, l'une et l'autre de Rouen, 1507 et 1555. Le *Breviarium ad usum insignis ecclesie Eboracensis* a été réimprimé à Durham, de 1880 à 1883, par la *Surtees society*, en deux vol. in-8° [8], d'après l'édition princeps de Venise.

De 1509 à 1533, on compte cinq éditions du *Missale ad usum insignis ecclesie Eboracensis*, toutes dues aux presses de Rouen, sauf la dernière

---

[1] *Catal. des mss. de France* cité, t. II, p. 331, n° 330.
[2] *Revue des Sociétés savantes*, 1882, VIIme série, t. VI, p. 40-1.
[3] *Mém. de la Société havraise d'études*, 1880-1, p. 401-56.
[4] Dans l'*Archæologia*, t. XXIV ; London, 1832, gr. in-4° de 136 pages et 34 planches.
[5] London, 1896, in-8° de LXXIV-348 p. et 15 pl.
[6] N° 27 de la *Surtees society*, 1853, in-8° de XVIII-139 p.
[7] Dans l'*Ecclesiologist* de 1888, p. 25-6.
[8] N°° 71 et 75 de ses publications.

qui est de Paris. C'est le Rév. HENDERSON, de Leeds, actuellement doyen de Carlisle, qui s'est chargé de le réimprimer, en établissant le texte à l'aide de sept manuscrits (un du XIIme siècle, trois du XIVme et autant du XVme) et d'après les cinq éditions connues. Ces deux volumes in-8° ont paru en 1874, aux frais de la *Surtees society* [1]. L'éditeur n'a pas non plus résisté à la tentation d'augmenter son œuvre à l'aide d'emprunts faits à d'autres livres liturgiques. Le deuxième volume comprend en appendice : 29 tropes du Kyrie, un calendrier comparatif des Eglises de Salisbury, York et Hereford, 90 proses ou séquences tirées du Tropaire de Winchester (exempl. d'Oxford), messes tirées du Pontifical d'Anien, évêque de Bangor (1268), fragment d'un Missel à l'usage de Lincoln (XVme siècle), liste des livres liturgiques d'York, par F. H. DICKINSON.

En 1517, parurent aussi à Rouen : *Hymni canori cum jubilo secundum morem usumque preclarissime ac nominatissime ecclesie Eboracensis emendati* (in-4°). J'ai indiqué plus haut un volume de 1838, reproduisant les hymnes à l'usage d'York.

A Rouen encore fut imprimé, en 1530, le *Processional* d'York ; il fut réimprimé à Londres, en 1555 ; il l'a été de nos jours par M. HENDERSON, aux frais de la *Surtees society* [2].

Le *Manuale ad usum ecclesiæ Eboracensis* est plus ancien : publié à Londres, par Wynand de Worde, en 1509, in-folio, il a eu des réimpressions in-4° et in-8°, toutes excessivement rares. M. HENDERSON l'a aussi reproduit.

L'archevêque d'York n'avait que trois suffragants : Carlisle, Durham, Sodor avec Man.

Un Missel de *Durham*, manuscrit du XIVme siècle, est conservé au Musée Britannique [3], qui possède également un Bréviaire de cette église.

En mettant au jour pour la première fois le *Rituale ecclesiæ Dunelmensis* [4], Jos. STEVENSON a rendu un véritable service, car le manuscrit dont il a fait usage est du IXme siècle, du commencement même, dit-on, avec additions postérieures. C'est un recueil assez confus d'oraisons, de bénédictions, etc., pour l'Office ; il y a une glose anglo-saxonne interlinéaire. On parlait naguère d'en donner une nouvelle édition ; il est certain que le manuscrit mériterait d'être examiné de plus près.

Ce qu'on appelle l'Hymnaire de Durham, du nom de la bibliothèque capitulaire qui en possède présentement le manuscrit, est un recueil écrit selon toute apparence, vers 1050, dans le diocèse de Winchester. Il a été également publié par Jos. STEVENSON, *The latin hymns of the anglo-saxon*

---

[1] N°s 59 et 60 de ses publications.
[2] 1875, N° 63 de ses publications.
[3] Harl. 5289.
[4] N° 10 de la *Surtees society*, 1840, in-8° de XII-200 p., pl.

Church, with an interlinear anglo-saxon gloss, dans la *Surtees society* [1].

L'Irlande formait quatre provinces ecclésiastiques, comprenant en tout vingt-quatre suffragants. Les archevêchés étaient ceux d'Armagh, Dublin, Cashel et Tuam.

L'Hymnaire irlandais, dont on possède à Dublin deux manuscrits du XIme siècle, a été publié en 1855 par le Rév. J. H. Todd, aux frais de l'*Irish archæological and Celtic society* [2]; il vient d'être achevé par M. H. B. S.

Avant de s'occuper de la liturgie Celtique, M. F. E. Warren fit ses débuts en publiant *The manuscript Irish Missal belonging to the president and fellows of Corpus Christi College, Oxford* [3], cité d'ordinaire comme *Missale vetus Hibernicum*. Ce manuscrit, en écriture irlandaise de la deuxième moitié du XIIme siècle, ne contient rien de l'ancienne liturgie d'Erin : c'est pur romanisme. Les conjectures de l'éditeur, pour dater ce document d'après l'*Exultet*, n'ont aucune valeur; ses autres observations n'ont guère plus de prix. C'est là que fut imprimé pour la première fois le Canon du célèbre Missel de *Stowe* [4]. Le manuscrit s'en conserve à l'Université de Dublin, après avoir fait partie des collections de lord Ashburnham. C'est un composite d'éléments romains et gallicans; certaines parties ont été écrites au VIIIme siècle, d'autres au Xme. M. Warren les a publiées dans le dernier chapitre de son livre, cité plus haut, sur la liturgie de l'église Celtique. Son édition, pour parler franc, est bien mauvaise. C'est à un prêtre catholique, le Rév. B. Mac Carthy, que revient l'honneur d'avoir donné — dans les *Transactions of the royal Irish academy* [5] — la clef de ce précieux document, c'est-à-dire d'avoir montré son étroite, son indéniable parenté avec la *Missa romensis* du Missel de Bobbio.

Peu après, feu G. H. Forbes publia — avec tout le soin qui caractérise ses travaux et en font le meilleur liturgiste anglais de ce siècle — *Missale Drummondiense. The ancient Irish Missal in the possession of the baroness Willoughby de Eresby, Drummond castle, Perthshire* [6]. Ce manuscrit, en écriture irlandaise, est du XIme siècle; on ne saurait y trouver, à part un précieux petit Martyrologe irlandais, de rites hiberno-gallicans : c'est le romain post-carolingien. Pas plus que le précédent, ce

[1] N° 23, 1851, petit in-4° de 166 p.
[2] Dublin, N° 17.
[3] London, 1879, in-8° de vii-214 p., fac-sim.
[4] Il ne s'agit pas, comme on pourrait se l'imaginer, d'un livre provenant de l'église de ce nom, dans le comté de Buckingham (Angleterre), mais d'un Missel irlandais, conservé, avec beaucoup d'autres manuscrits du plus grand prix, dans la bibliothèque du marquis de Buckingham, au château (récent) de Stowe.
[5] Vol. XXVII, p. 135-268, On the Stowe Missal.
[6] Burntisland, 1882, in-8° de xxvi-44-xv p., 5 fac-sim.

recueil n'est un Missel complet : tout au plus un *messaletum* : il est d'ailleurs fort douteux qu'il y eut alors en Irlande des Missels, c'est-à-dire de gros Sacramentaires comprenant le Propre du temps et celui des saints au complet.

On conserve à l'Université de Cambridge un Tropaire de Dublin, qui doit être reporté comme écriture aux alentours de 1360 ; MM. WEALE et MISSET en ont donné la description et les pièces inédites [1].

Le peu que j'ai à dire de l'Irlande me fait placer ici l'indication d'un ouvrage qui intéresse également la période anglo-saxonne : WEST-WOOD (J. O.), *Facsimiles of miniatures and ornaments in Anglo-Saxon and Irish manuscripts* [2].

L'Ecosse n'avait que deux archevêchés : Glasgow et Saint-Andrews. Le premier suffragant de celui-ci était Aberdeen. On doit à son évêque, Guillaume Elphinston, la publication du *Breviarium Aberdonense, ad usum ecclesie Scoticane potissimum* [3]. Il tenta de supplanter en Ecosse le Brévaire de Salisbury ; l'imprimeur obtint même du Conseil privé un arrêt interdisant désormais l'importation de celui-ci. Cette édition unique a été réimprimée somptueusement (aux frais du marquis de Bute) en fac-simile (à 500 exemplaires) par J. Toovey, à Londres en 1854, par les soins du Rév. W. H. BLEW, avec préface de Dav. LAING (1855). Suivant un exemple louable, deux Sociétés savantes se sont réunies pour faire les frais de la publication de ces deux in-4° : le *Bannatyne club* d'Edimbourg [4] et le *Maitland club* de Glasgow [5].

Le Pontifical de la métropole a été publié à Edimbourg en 1885 : *Pontificale ecclesiæ S. Andreæ. The Pontifical offices used by David de Bernham, bishop of S. Andrews,* with an introduction by Chr. WORDS-WORTH [6]. Ce manuscrit, du XIIIme siècle, est conservé à la Bibliothèque nationale de Paris.

Passons aux monastères et aux simples églises. J'ai lu qu' « on ne rencontre aucune édition imprimée de la liturgie monastique [anglaise] ; il faut croire, ajoutait-on, que les moines, fort nombreux en Angleterre, conservèrent l'usage de transcrire leurs livres. Les Chartreux, les Béné-dictins, les Cisterciens, les Carmes, les Dominicains ont tous des liturgies variées, privilège accordé aux moines et refusé actuellement aux diocèses :

[1] *Anal. liturg.*, t. II, II, p. 79-106.
[2] London, 1868, in-fol. de xv-155 p. et 53 pl.
[3] Edinburgi, 1509-10, 2 vol. in-8°.
[4] N°° 100 et 99.
[5] N° 70.
[6] Edinburgh, 1885, in-4° de xxvII-97-xxvII p. — Dans l'appendice : *Description of Liber Sancti Cuthberti, a X or XIth century Pontifical at Sidney Sussex College Cambridge, compared with the Egbert and De Bernham Pontificals ; A Description of the Pontifical of Anianus, bishop of Bangor about A. D. 1284.* Contient en outre une bonne table d'incipit des Bénédictionnaires imprimés.

les Papes ayant appartenu souvent à des Ordres monastiques. Pie V était dominicain ». La première assertion est inexacte. Les Bénédictins d'*Abington* firent imprimer, en 1528, le Bréviaire de leur monastère [1] : on n'en connaît que la partie d'été. On a dit qu'il en fut de même du Missel : c'est douteux, mais on en conserve des exemplaires manuscrits du XVme siècle à Oxford [2].

L'*Arbuthnot Missal*, ainsi désigné du nom de la famille qui en possède le manuscrit, a été écrit à la fin du XVme siècle pour l'église de Saint-Ternan d'Arbuthnot, au comté de Kincardine (Ecosse) : c'est le Missel de Salisbury, avec quelques messes de saints écossais ; il représente probablement l'usage du diocèse de Saint-Andrews. L'évêque (anglican) A. P. Forbes l'a imprimé à Burntisland en 1864 [3], en le faisant précéder d'une précieuse introduction, faite avec toute la distinction qui caractérisait son auteur ; il y débite, il est vrai, les vieilles fables touchant saint Osmond et les origines du rite de Sarum, mais il y a réuni et discuté le premier les textes de l'antique rite irlandais conservés dans les mss. suisses, etc.

L'abbaye de *Bangor*, dans le comté de Down (Irlande) — qu'il ne faut pas confondre avec l'évêché du même nom dans le comté de Carnarvon (Galles) — est célèbre dans le monde liturgique par son Antiphonaire. Ecrit entre 680 et 691, sous l'abbé Cronan, il est aujourd'hui conservé à l'Ambrosienne de Milan. Muratori l'a publié pour la première fois dans ses *Anecdota bibliothecæ Ambrosianæ* [4] et dans ses *Opera omnia* [5] ; cette édition a été reproduite dans la *Patrol. latine* [6] et plus récemment par J. O'Laverty [7]. La *Bradshaw society* de Londres en a fait une reproduction en fac-simile [8] due aux soins de M. P. E. Warren [9].

Destinée à recevoir les sépultures des archevêques, l'abbaye de *Cantorbéry* fut construite en dehors des murs de la ville ; d'abord sous le vocable de saint Pierre et de saint Paul, elle prit ensuite celui de saint Augustin. On conserve à Cambridge [10] un Missel qui vient d'être luxueusement publié par M. Mart. Rule : *The Missal of St. Augustine's abbey Canterbury, with excerpts from the Antiphonary and Lec-*

---

[1] Abington, in-4°.
[2] Bodléienne et Trinity college.
[3] *Liber ecclesie Beati Terrenani de Arbuthnott. Missale secundum usum ecclesiæ Sancti Andreæ in Scotia,* in-4° de cxiv-479 p.
[4] T. IV, p. 119-59.
[5] T. XI, iiime part., p. 217-51.
[6] T. LXXII, c. 579-606.
[7] Dublin, 1885.
[8] 1893-5, in-4°.
[9] Sur la nature de cette liturgie, voir un article de la *Church quarterly review* (1894), p. 45-62.
[10] Corpus Christi, 270.

tionary of the same monastery, edited with introductory monograph... [1].
Dans une ample introduction, M. Rule a cherché à élucider tout ce qui
concerne l'époque et les sources de cette liturgie. Il estime que ce livre
a été exécuté pour l'abbé Hugues de Fleury, béni le 13 mars 1099 : je
crains que ses arguments ne soient plus ingénieux que solides. Quant
aux sources, l'éditeur arrive à croire, par des considérations stichomé-
triques, que le copiste avait sous les yeux, entre autres livres, un missel
du temps de saint Grégoire le Grand : est-il admissible qu'après cinq
siècles on n'eût pas pour modèle, à l'abbaye de Saint-Augustin, des livres
représentant sa liturgie courante ?

L'abbaye de *Cerne*, également de l'Ordre de Saint-Benoît, était située
dans le comté de Dorset. La bibliothèque de l'Université de Cambridge
conserve d'elle un Séquentiaire de l'an 1400 environ. MM. Weale et
Misset en ont publié la table et les pièces inédites [2].

Evesham est une autre abbaye bénédictine, au diocèse de Worcester.
M. Henry Austin Wilson a publié, sous les auspices de la *Bradshaw
society*, l'*Officium ecclesiasticum abbatum secundum usum Eveshamensis
monasterii* [3]. Des extraits de ses *Consuetudines* avaient été insérés par
W. A. Hulton, dans le trentième volume de la *Chetham society* [4].

Bien que le plan de cette étude exclue les manuscrits non publiés,
je me reprocherais de ne pas signaler, à la suite de M. Léop. Delisle [5],
le Bénédictionnaire de l'abbaye bénédictine de *Ramsay*, au comté de
Huntingdon, dont notre Bibliothèque nationale possède un splendide
exemplaire, envoyé à Gauslin, abbé de Fleury, entre 1010 et 1020. Il ne
tardera pas sans doute à voir le jour.

Je pourrais encore citer par exception les Missels de l'abbaye bénédictine de *Saint-Alban's* (au comté de Hertford), des XIIme et XIVme siècles, conservés à la Bodléienne [6].

M. J. Wickham Legg les a signalés dans ses *Liturgical notes on the
Sherborne Missal*, extraites des *Transactions of the St. Paul's Ecclesiological society* [7]. Sainte-Marie de Sherborne était une abbaye bénédictine
au comté de Dorset. Le Missel en question, propriété du duc de Northum-
berland à son château d'Alnwick, a été exécuté de 1396 à 1415. Ses
particularités artistiques ont été relevées par sir E. Maunde Thompson
dans les *Proceedings of the society of antiquaries of London* [8]. M. Legg
l'a étudié au point de vue de ses relations liturgiques avec Salisbury et

---

[1] Cambridge, 1896, in-4° de clxxxiv-174 p. et 2 pl.
[2] *Anal. liturg.*, t. II, p. 573-89.
[3] Londini, 1893, in-8° de xix-216 c.
[4] Manchester, 1853.
[5] *Mém. sur d'anc. Sacram.*, p. 215-7.
[6] Laud misc. 279 ; Rawl. lit. C. 1.
[7] T. IV ; London, 1896, in-4° de 31 p.
[8] 2ᵈ ser., t. XVI, p. 226.

Rouen ; mais la plus grande partie de son opuscule est occupée par la reproduction du calendrier et de seize séquences, dans lesquelles il n'a opéré aucune division de strophes ni de vers, ce qui fait perdre à cette poésie son caractère.

Le Missel de *Tewkesbury* (au comté de Glocester), manuscrit du XIIIme siècle, fait partie de la bibliothèque de l'Université de Cambridge [1].

La célèbre abbaye de Saint-Pierre de *Westminster* avait été fondée, comme son nom l'indique, à l'ouest de Londres. On conserve encore dans sa bibliothèque le Missel écrit par l'abbé Nic. Litlington, qui gouverna le monastère de 1362 à 1386. MM. WEALE et MISSET ont donné la liste des proses qu'il contient et publié cinq pièces inédites [2]. Dans l'intervalle, M. John Wickham LEGG a fait imprimer intégralement le *Missale ad usum ecclesie Westmonasteriensis* aux frais de la *Bradshaw society* [3].

A cette célèbre abbaye se rattache : *Liber regalis seu ordo coronandi regem solum, ordo consecrandi reginam cum rege, ordo consecrandi reginam solam, rubrica de regis exequiis, e codice Westmonasteriensis editus* par le Roxburghe club [4]. Le manuscrit original est de la fin du XIVme siècle.

J'indiquerai encore un Missel de *Whitby*, du XIVme siècle, à la Bodléienne [5], et un Sacramentaire de l'abbaye bénédictine de *Winchçomb* (au comté de Glocester), manuscrit du Xme siècle, conservé à notre bibliothèque d'Orléans [6].

Je terminerai par de simples offices : HART (W. H.), *Lectionarium S. Mariæ Virginis, S. Thomæ Cantuariensis, S. Augustini, S. Kyneburgæ Gloucestriensis et S. Kenani de Hibernia* [7] ; WHITHAM (John) a. THISTLE (Thom.), *The offices of S. Wilfrid according to the use of the church of Ripon, from a Psalter...* [8] ; et crois inutile de parler des simples livres de prières plus ou moins liturgiques.

M. MASKELL portait jadis [9] à 250,000 le nombre des livres liturgiques qui existaient en Angleterre au moment de la Réforme. En prenant pour terme de comparaison le Missel de Salisbury, nous constaterions avec M. WEALE [10] qu'il existe 145 exemplaires pour 53 éditions, soit un peu moins de 3 exemplaires par édition, mais sa statistique n'est sans doute pas complète.

Les savants anglais n'ont pas restreint leurs recherches à la liturgie

[1] Gg. III, 21.
[2] *Anal. liturg.*, t. II, II, p. 176-82.
[3] London, 1891-7, 3 vol. in-8°, 10 f.-XVI-1731 c., 28 pl.
[4] London, 1870, in-4° de XVI-67 p., fac-sim.
[5] Rawl. lit. B. 1.
[6] N° 127.
[7] Londini, 1865, in-8°.
[8] Ripon, 1893, in-4° de XX-36 p., fac-sim.
[9] *Mon. rit. eccl. Anglic.*, t. I, p. CLXVIII.
[10] *Catal.* cité.

du pays. En énumérant ces travaux, je serai contraint, par la nature des sujets et pour ne point avoir à me répéter dans la suite, de ne pas les séparer de ceux publiés dans d'autres contrées.

D'après M. l'abbé LEJAY [1], le mot *missa* a eu quatre sens successifs : congé, formule de congé, prières qui terminent un office, office lui-même. *Missel,* comme livre liturgique, est une appellation tardive (XIme siècle) : c'est la réunion du Sacramentaire, du Lectionnaire et du Graduel. Dans un livre qu'il faut citer, bien que vieux d'un siècle et demi, MURATORI a réuni les plus anciens Sacramentaires : *Liturgia Romana vetus, tria Sacramentaria complectens, Leonianum scilicet, Gelasianum et antiquum Gregorianum..., acc. Missale Gothicum, Missale Francorum, duo Gallicana et duo omnium vetustissimi Romanæ ecclesiæ Rituales libri* [2].

De nos jours, M. Léop. DELISLE, dans son *Mémoire sur d'anciens Sacramentaires* [3], a décrit, avec sa compétence exceptionnelle, cent vingt-huit manuscrits compris entre l'époque mérovingienne et la fin du XIme siècle, mais appartenant la plupart à la période carolingienne ; tout en s'en tenant au point de vue paléographique et de l'ornementation, sans négliger le côté historique, l'éminent administrateur de notre Bibliothèque nationale a rendu un grand service à nos études.

Dans son livre récent, *Die ältesten römischen Sacramentarien und Ordines* [4], M. Ferd. PROBST n'a étudié que les Sacramentaires léonien, gélasien et grégorien, avec les *Ordines* romains I-VII publiés par MABILLON [5] ; il l'a depuis complété par *Die Abendländische Messe vom fünften bis zum achten Jahrhundert* [6]. M. l'abbé LEJAY a soumis l'un et l'autre à une critique pénétrante [7] et ses conclusions ne sont pas conformes à celles du savant allemand sur l'origine romaine du rite gallican.

Le Sacramentaire léonien a été ainsi appelé parce que son premier éditeur, Jos. BIANCHINI (1735), crut y reconnaître l'œuvre du pape saint Léon le Grand. Ce livre, romain d'origine assurément, n'a jamais eu ni pu avoir un caractère officiel. Le seul manuscrit connu, incomplet de plus du quart, appartient au Chapitre de Vérone ; son contenu place la composition avant 618. Le Rév. Charl. Lett FELTOE a ajouté une cinquième édition à celles que l'on possédait déjà : *Sacramentarium Leonianum, edited with introduction, notes...* [8]. J'ai eu l'occasion de remarquer qu'au

---

[1] *Revue d'histoire et de littér. relig.,* II, 287-8.
[2] Venetiis, 1748, 2 vol. in-fol.
[3] *Mém. de l'Acad. des inscript. et belles-lettres,* t. XXXII, Ire part., p. 57-423, atlas in-folio de 7 p.-11 pl.; Paris, 1886, in-4°.
[4] Münster, 1892, in-8° de xv-412 p.
[5] *Museum Italic.,* 1649, t. II.
[6] *Ibid.,* 1896, in-8° de xv-444 p.
[7] *Revue* citée, N° 1-3.
[8] Cambridge, 1896, in-8° de xx-244 p. et 3 pl.

point de vue de la reproduction exacte du manuscrit, cette édition laissait à désirer [1].

Le Sacramentaire gélasien n'appartient pas davantage au pape Gélase ; néanmoins, cette attribution est ancienne : elle a une attestation chez les liturgistes du IXme siècle. Le principal manuscrit vient de Petau ; il est au Vatican [2]. Il remonte à la fin du VIIme siècle ou au commencement du suivant. L'ouvrage est divisé en trois parties : Propre du temps, Propre des saints, Messe dominicale et autres. D'après les éléments chronologiques, sa rédaction devrait être rapportée entre les années 628 et 731 ou même 701 : c'est la liturgie romaine usitée à cette époque en pays franc. Signalé par Jean Morin dès 1651, ce codex Petavianus fut publié par J.-M. Tommasi en 1680. M. H. A. Wilson l'a réimprimé pour la sixième fois en 1894 : *The Gelasian Sacramentary, liber sacramentorum Romanæ ecclesiæ, edited with introduction, critical notes and appendix* [3]. L'éditeur a mis à profit une recension postérieure (à 731) contenue dans des manuscrits de Rheinau et de Saint-Gall. Le P. Suitb. Bæumer, que des excès de travail ont ravi trop tôt à la science depuis le dernier congrès, en a signalé d'autres, dont la collation serait indispensable, dans son substantiel article : *Ueber das sogenannte Sacramentarium Gelasianum* [4].

Le Sacramentaire grégorien s'offre aujourd'hui sous deux formes distinctes : l'une primitive, vierge de toute addition, est représentée par quatre manuscrits du IXme siècle (un à Mayence, deux à Paris, le dernier à Vérone) ; l'autre, augmentée d'un supplément, se rencontre dans de nombreux manuscrits [5]. Tous semblent provenir de l'exemplaire dont le pape Adrien Ier annonçait l'envoi à Charlemagne par une lettre de 784/791 ; on convient que le premier supplément est l'œuvre d'Alcuin. Ce sont encore les usages romains adaptés à ceux des pays francs. L'édition princeps de Pamelius (1571), non moins que toutes celles qui l'ont suivie, ne représente pas le type primitif. Le Sacramentaire grégorien attend donc encore son éditeur : je ne gagerais pas qu'il ne se trouvera point en Angleterre. En attendant, M. H. A. Wilson a publié *A classified index to the Leonine, Gelasian and Gregorian Sacramentaries, according to the text of Muratori's Liturgia Romana vetus* [6].

Sept siècles au moins séparent les livres dont il vient d'être question de la réforme du Bréviaire romain due au cardinal Quignonez *(B. R. è*

---

[1] *Univers. cath.*, t. XXV, p. 311-3.
[2] N° 316 de la reine de Suède.
[3] Oxford, in-8° de LXXVIII-400 p.
[4] *Histor. Jahrbuch*, 1893, t. XIV, p. 241-301.
[5] Les exemplaires à deux suppléments ne remontent pas au delà du XIme siècle ; les bons manuscrits ne connaissent que la préface *Hucusque.*
[6] Cambridge, 1892, in-8° de VII-102 p.

sacra potissimum Scriptura et probatis sanctorum historiis confectum).
Je ne sais s'il serait jamais venu à un catholique la pensée de le réimprimer, malgré sa rareté. Ce n'est pas à notre point de vue qu'il faut
juger de la nouvelle édition qu'en a donnée M. J. Wickham LEGG, d'après
celle de Venise de 1535 [1]. On sera moins étonné d'apprendre que le
Bréviaire romain de Pie V et Urbain VIII a été intégralement traduit en
anglais et publié par le marquis de BUTE en deux volumes in-8° [2]. On
lira avec intérêt, dans la Préface, de quelles précautions le traducteur
s'est entouré pour rendre son travail irréprochable.

Et ce n'est point exclusivement vers les liturgies latines que nos
voisins ont dirigé leurs études : la Grèce et l'Orient les ont aussi attirés.
M. C. A. SWAINSON a publié : *Greek liturgies, chiefly from original
authorities* [3]; et M. F. E. BRIGHTMAN : *Eastern liturgies, edited, with
introduction and appendices, on the basis of a former work by C. E.
Hammond* [4].

Ces travaux individuels, aussi nombreux qu'importants, devaient
avoir pour résultat la constitution de Sociétés ayant spécialement en vue
la liturgie : l'union fait la force, d'autant plus ici qu'elle crée les ressources
nécessaires pour des publications qui ne sauraient intéresser le grand
public.

J'ai déjà eu l'occasion de citer les publications de la *Plain chant and
mediaeval music society* qui se référaient à mon sujet : c'est la plus
ancienne.

La *St. Paul's Ecclesiological society* a été fondée à Londres le
6 février 1879. Le président actuel est le doyen de Saint-Paul ; sur
vingt-huit vice-présidents, huit sont évêques (anglicans) et douze laïques.
La cotisation est d'un peu moins de dix francs, si l'on veut recevoir les
Transactions publiées par la Société. Elles comprennent déjà trois
volumes in-4° ; cinq annuités (d'une trentaine de pages) forment un
volume.

L'*Henry Bradshaw society* a été fondée, également à Londres, le
25 novembre 1890. Ses visées sont plus hautes; elle ne se propose rien
moins que de publier : 1° les liturgies anglaises du moyen âge; 2° les
liturgies anglaises antérieures à la conquête normande; 3° les liturgies
celtiques; 4° les liturgies des Eglises d'Occident, de l'antiquité et du
moyen âge, y compris les livres ambrosiens et mozarabes, comme aussi
les anciens traités sur les cérémonies ; 5° les offices particuliers de
l'Angleterre; 6° les anciens agendas réformés de l'Allemagne. Ce cadre
sera-t-il rempli dans toutes ses parties ? Sans être sceptique, on peut en

---

[1] Cantabrigiæ, 1888, in-8°.
[2] Edinburgh and London, 1879.
[3] Cambridge, 1879, in-4°.
[4] Oxford, 189., in-8°.

douter. Le nombre de ses membres était, à la fin de 1897, de 325, dont deux Français et un Belge. J'ai indiqué plus haut, à leur ordre, les volumes de la Bradshaw society que j'ai examinés ou qui sont venus à ma connaissance.

Mentionnons encore l'*Alcuin club*, qui a pour but l'étude pratique des cérémonies, l'arrangement des églises, leur mobilier, les ornements, mais conformément aux rubriques du *Book of common prayer*.

L'association de MM. W. H. James WEALE, bibliothécaire au Musée de Kensington à Londres, et l'abbé Eug. Misset, directeur de l'école Lhomond à Paris, pour la publication périodique intitulée *Analecta liturgica*, ne constitue pas une société proprement dite, mais elle en a toute la valeur. Ce recueil se réfère spécialement aux Missels anciens de tous pays et comprend deux parties à pagination distincte : la première, sous le titre de *Clavicula Missalis Romani Pii V. jussu editi*, donne la table alphabétique par incipit des introïts, graduels, alleluias, traits, offertoires, communions (743), puis des oraisons, secrètes, postcommunions et oraisons « super populum » (859), enfin des leçons, épîtres et évangiles (193). Viennent ensuite les calendriers des églises de Rome, Uzès, Magdebourg, Angers, Liège, Drontheim, Langres, Brixen, Strasbourg, Hambourg, Hereford, Rouen, Tolède, Narbonne, Lubeck, Béziers, Lund ; on semble avoir renoncé à continuer cette série. La seconde partie, sous le titre général de *Thesauris hymnologicis hactenus editis supplementum amplissimum e libris tam manuscriptis quam impressis eruerunt notulisque illustraverunt,* renferme jusqu'ici exclusivement *Prosæ quæ apud Daniel, Mone, Neale, Gautier, Schubiger, Wackernagel, Morel et Kehrein non reperiuntur.* On y donne la liste complète des proses de chaque Missel, suivie du texte des pièces inédites ; voici les églises qu'y sont comprises : Uzès, Magdebourg, Angers, Aix, Liège, Drontheim, Halberstadt, Tolède, Brixen, Langres, Hereford, Rouen, Hambourg, Brême, Sens, Munster, Paris, Saintes, Châlons, Tarentaise, Augsbourg, Strasbourg, Arras, Beauvais, Avranches, Térouanne, Saint-Denis, Narbonne, Senlis, Bordeaux, Angoulême, Auxerre, Lubeck, Dijon, Rennes, Compiègne, Nantes, Evreux, Bec, Lisieux, Coutances, Hongrie, Lund, Cerne, Mâcon, Longoret, Winchester (2), Jumièges, Amiens, Dublin, Ainay, Cambrai, Bourges, Tournay, Westminster, Saint-Pol de Léon, Saint-Brieuc, Saint-Evroul, Lyon, Gran (*Strigon.*), Hildesheim, Célestins de Paris, Essomes *(Sosm.)*, Rodez, Marmoutier, Clermont et Saint-Flour, Troyes, Béziers, Saragosse *(Cæsaraugust.)*, Saint-Malo, York, Séville, Termonde, Lausanne, Genève, Rédemption des captifs, Noyon, Catane, Saint-Valery, Saint-Julien de Tours, Sherborne ; en tout 63 églises épiscopales et 18 abbayes ou ordres. Il serait facile de multiplier les remarques sur l'ensemble et les détails de cette publication : chacun la comprendrait à sa manière. Il est simplement équitable de rendre justice

à son importance, mais surtout au sens critique dont M. Misset a fait
preuve dans l'établissement des textes. J'aurai à revenir sur ce mérite
en traitant de la France.

M. Weale, indépendamment de son *Beffroi,* dont le tome IV renferme nombre d'hymnes sur sainte Barbe, avait préludé aux *Analecta* par
son *Catalogus Missalium ritus latini ab anno* mccclxxv. *impressorum* [1].
Ce volume n'est en réalité que le premier d'une *Bibliographia liturgica.*
Cette bibliographie est fort bien conçue. Les églises épiscopales sont
rangées par ordre alphabétique du nom latin ; le titre du livre est suivi
de l'indication des bibliothèques qui en possèdent des exemplaires et des
livres qui en parlent. Suivent les Ordres religieux, classés dans un ordre
méthodique qui contraint le lecteur à dresser à son usage une table
alphabétique.

Plus que personne, M. Weale a conscience des imperfections de son
travail, soit comme inexactitudes, soit comme omissions. Il en prépare
une seconde édition, qui sera la bienvenue. On conçoit qu'il en retarde
l'apparition, pour la rendre aussi complète que possible. Mais ce qu'on
ui pardonne moins aisément, c'est de renvoyer indéfiniment la publication du *Catalogus Breviariorum ritus latini.* Non seulement il le
possède en manuscrit, mais il en a publié un tentamen dans l'*Ecclesiologist* [2] ; cette liste provisoire rend déjà bien des services, malheureusement elle s'arrête au milieu de la lettre M.

J'ai un tel désir de laisser à mes auditeurs le sentiment d'une vive
admiration pour la science liturgique anglaise que j'ai gardé pour la fin
l'ouvrage qui me semble témoigner d'une plus grande somme d'efforts
et de travail : c'est encore le fruit d'une association. Le titre, fort long,
a l'avantage d'en indiquer assez complètement le contenu : *A Dictionary
of Hymnology, setting forth the origin and history of christian hymns
of all ages and nations, with special reference to those contained in the
hymn books of English-speaking countries and now in common use,
together with biographical and critical notices of their authors and
translators, and historical articles on national and denominational
hymnody, Breviaries, Missals, Primers, Psalters, Sequences,* etc., etc. [3].
L'auteur, M. John Julian, vicaire à Wincobank (Sheffield) a eu de
nombreux collaborateurs (37), parmi lesquels un évêque, celui de Salisbury, et sept laïques. Je ne sais si ce monumental volume est bien connu
sur le continent. Indiquer tout ce qu'il renferme d'utile serait fort long.
Permettez-moi de le recommander succinctement en empruntant la plume
de mon ami, M. Léop. Delisle : « Il (ce livre) est le fruit de recherches

---

[1] Londini, 1886, in-8° de xii-296 p.
[2] 1888 ; N⁰ˢ 1-3.
[3] London, 1892, gr. in-8° de xii-1616 p. à 2 col.

immenses et consciencieuses. On n'y trouve pas seulement le résumé substantiel de tout ce qui a été publié sur l'hymnologie générale et particulière; l'éditeur et ses collaborateurs, dont le principal a été le Rév. James Mearns, y ont fait entrer une foule d'observations originales, puisées directement dans les livres de liturgie, imprimés ou manuscrits, anciens ou modernes. La part faite au protestantisme et aux pays de langue anglaise est la plus considérable, mais la liturgie catholique y a été traitée avec beaucoup de développements et avec un respect dont il faut tenir compte aux éditeurs. Les articles généraux, tels que *Breviary*, *Hymnarium*, *Latin hymnody*, *Psalter* et *Sequences*, sont fort instructifs, et les articles consacrés en particulier à un grand nombre de pièces hymnologiques nous renseignent avec beaucoup de précision sur l'origine de chaque morceau, sur l'attribution qui en a été faite à tel ou tel auteur, sur la date à laquelle il apparaît dans les livres liturgiques, sur les variantes qu'on y rencontre, sur les additions que le texte primitif a pu recevoir, sur l'emploi qu'en ont fait les différentes Eglises et sur les traductions qui en existent. Beaucoup de ces articles sont d'excellentes dissertations littéraires; on peut citer comme telles les pages relatives au *Dies iræ*, au *Stabat mater*, au *Te Deum*, au *Veni creator*, au *Vexilla regis*, au *Victimæ paschali* et à beaucoup d'autres [1]. »

Messieurs, il y a eu sans doute de la témérité à un continental, que dis-je? à un provincial, de tenter de résumer devant vous l'activité des savants anglais dans un champ aussi vaste que celui des études liturgiques; j'ai peut-être abusé de votre patience à m'écouter sur des matière arides et il sera prudent de renvoyer à plus tard la suite de ce mémoire [2].

[1] *Biblioth. de l'Ecole des Chartes*, 1892, t. LIII, p. 187-8. — Il serait cependant injuste d'omettre le *Dictionary of christian antiquities*, de SMITH et CHEETHAMS, car il renferme d'excellents articles sur la liturgie.

[2] Il paraîtra dans l'*Université catholique*, revue des facultés libres de Lyon.

Fribourg (Suisse). — Imprimerie et Librairie de l'Œuvre de St-Paul.